THहेज

THहेज

राधा

ये कहानी दहेज़ पर लिखी गई है जो कई लड़कियों के मरने कि वजह है.

दहेज़ प्रथा एक क्रुप्रथा हैं, जो सदियों से चली आ रही है | ये क्रुप्रथा एक अभिशाप से कम नही हैं.

दहेज़ प्रथा कि वजह से ना जाने कितनी लड़कियों को अपनी जान गवानी पड़ी ,

दहेज़ यानी शादी के समय लड़की को दिए जाने वाले महंगे महंगे उपहार और नगद राशि , कार इत्यादि |

दहेज़ प्रथा कई लोगो के लिए आम बात हैं मगर इस प्रथा के कारण कितनी मासूम लड़कियों को हिंसात्मक घटनाओ का सामना करना पड़ा और आज भी कर रही हैं , दहेज़ प्रथा के विरुध सरकार ने कई सख्त नियम बनाए है लेकिन फिर भी आज बहुत से जगहों मे दहेज़ प्रथा का चलन है , जो बिल्कुल गलत हैं |

दहेज़ लेना और देना दोनों ही गलत हैं |

क्रम-सूची

प्रस्तावना

Thहेज

दहेज़ लेना पाप है फिर क्यों लेते हो ,
　　लड़की तो दे दी है ना , अब क्यों रोते हो ,
　　अच्छा दहेज़ चाहियें .... गरीब हो ,
　　दहेज़ एक कालिख है , क्यों अपने मुहं लगवाते हो ,
　　बन जाओ इंसान ना , दहेज़ के नाम पर .... भिख क्यों मंगाते
हो |

1

Thहेज

बिहार के छोटे से घर मे रहने वाला छोटा सा 6 लोगो का परिवार जिसमे एक रामू और उसकी धर्मपत्नी सुशीला और उनकी तीन लड़किया और एक लड़का था |बड़ी लड़की का नाम रानी , दूसरी सविता ,तीसरी हिमांशी और सबसे छोटा लड़का जिसका नाम चिराग था | हिमांशी को सब घर मे छोटी कहकर पुकारते थे , क्यूंकि छोटी के काफी दिनों बाद चिराग का जन्म हुआ था |

ये कहानी साधारण से मजदूरी करने वाले व्यक्ति से शुरु होती हैं , जिसका नाम रामू है , रामू दिन का पांच सों कमाता पर कभी -कभी काम ना मिलने पर उसे घर पर ही बैठना पड़ता था , इसलिए पांच सों रूपए मे उसके पांच लोगो के परिवार का लालन पोषण नही हो पा रहा था | सुशीला से अपने पति कि ऐसी स्थिति देखी नही गई , और उसने भी लोगो के घर पर जा जाकर काम करना शुरु कर दिया , लेकिन दोनों के काम करने के बाद भी उनकी आर्थिक स्थिति सुधर

नही पा रही थी ऊपर से तीन लड़कियों का बोझ उस वक्त उनका एक भी लड़का नही था | जिस कारण वो दुखी रहते थे , और दोनों बैठ कर बाते करते रहते अगर हमारा भी एक बड़ा लड़का होता तो वो घर का सारा बोझ संभाल लेता और हमारे बुढ़ापे का सहारा भी बनता , और सोचते सोचते अपनी किश्मत को कोश्ते रहते थे |

लड़के कि उम्मीद मे सुशीला कि तीन लडकिया हो चुकी थी , तीसरी लड़की हिमांशी होने के बाद मानो घर का माहोल बिल्कुल खराब हो चुका था , रामू और सुशीला के तो पैरो के नीचे से मानो जमीन ही खिसक गई हो , और मोहल्ले के लोगो ने भी सुनाने मे कोई कसर ना छोड़ी , कि पहले ही क्या दो लड़कियां कम थी जो रामू तेरे घर तीसरी और हो गयी , इतना कहते ही सब हसने लगे , रामू और सुशीला तेयार हो जाओ तीन – तीन लड़कियों को दहेज़ देने के लिए तुम्हारी तो किश्मत मे लड़का है ही नही तुम्हे तो बुढ़ापे मे पूछने वाला भी कोई नही होगा , इनका क्या है यह तो व्याह करके अपने – अपने घर चली जाएँगी और ऊपर से दहेज़ भी दो, अब क्या कर सकते है रामू तेरी किश्मत ही खराब है तो बाकि हम चलते है , ध्यान रख अपनी पत्नी का | उस दिन रामू के घर मे चूल्हा नही जला दोनों पति पत्नी लड़की के होने पर दुखी थे | कि इस बार भी भगवान ने हमारी नही सुनी , लेकिन दूसरी तरफ रानी और सविता अपनी छोटी बहन के आने पर बहुत खुश थे पर उन्हें यह नही पता था कि उनकी छोटी अपने माँ बापू के लिए अभिशाप हैं |

धीरे – धीरे समय बितता गया तीनो लड़कियां बड़ी हो रही थी , छोटी अब छ साल कि होगयी थी, लेकिन रामू और सुशीला कि लड़का होने कि उम्मीद अभी भी बाकि थी , उन्हें अब भी विश्वास था कि उनका लड़का अवश्य होगा | इस चक्कर मे दोनों हमेशा पूजा पाठ करने अनेकों मंदिर जाया करते जो कुछ भी लोग कहते वो दोनों लड़के कि चाह मे वैसा – वैसा करते | लड़के कि

इच्छा मे दोनों ने अपनी जमा पूंजी तक खर्च कर दी थी | फिर भी उनकी उम्मीद जिंदा थी| लड़के के मोह मे दोनों पति पत्नी अपनी तीन लड़कियों तक को भूल चुके थे | छोटी का ख्याल रानी रखा करती थी |

रामू ने अपनी तीनो लड़कियों का सरकारी विद्यालय मे दाखिला करवा रखा था | रानी कक्षा १०वी , सविता ९वी और सबसे छोटी हिमांशी कक्षा दूसरी मे थी | इन तीनो पर रामू और सुशीला का ध्यान ही नही जाता था | और विधालय मे दाखिला भी रानी के जिद्द करने पर ही करवाया गया था , क्यूंकि रानी को पढाई का बहुत शोक था |और बस उन्हें यह डर बना रहता था कि रानी अब धीरे –धीरे बड़ी हो रही है और वैसे वैसे ही रामू और सुशीला कि समस्याए भी बढ़ रही थी क्यूंकि दहेज़ देने के लिए उनके पास पैसे नही थे क्यूंकि वो जितना भी कमाते सारा पैसा बाबा और पूजा पाठ पर लगा देते | रानी को १०वी के बाद विद्यालय नही भेजा गया क्यूंकि आगे कि पढाई के लिए रानी को गांव से बाहर जाना पड़ता जिसमे काफी पैसे लगते इसलिए रामू और सुशीला ने रानी कि पढाई आधे मे ही रोक दी , और उसे घर के काम सिखाना शुरु कर दिया . रानी आगे पढना चाहती थी पर उसकी सुनता कौन इसी डर से वो चुपचाप माँ बापू कि बात मानती रही और घर के कामों मे माँ का हाथ बटाने लगी | और छोटी छोटी चीजो के लिए भी छोटी अपनी बड़ी बहन पर ही निर्भर रहती क्यूंकि उसे अपनी माँ से ज्यादा लगाव अपनी बड़ी बहन से था |

सुशीला फिर पेट से हुई फिर रामू को उम्मीद हुई कि इस बार तो लड़का ही होगा अब घर का सारा काम रानी और सविता किया करती थी और दोनों खुश थी कि अब शायद माँ बापू को लड़का हो जायेगा , छोटी तो पूरे मोहल्ले मे जा जाकर सबको कहती देखना मेरा भाई आयेगा , पड़ोस मे रहने वाली सकुंतला और बाकि सब छोटी पर हसने लगे , सुन छोटी तेरे माँ बापू कि किश्मत इतनी भी अच्छी नही कि तुम्हारे घर मे लड़का हो , और तुम तीनो ही तो हो रामू और सुशीला के लिए अभिशाप और देखना इस बार भी तुम्हारे घर लड़की ही होगी | छोटी ये सब सुनकर वहां से घर वापस आ जाती है , छोटी बाहर से आकर भगवान् से प्राथना करती है कि माँ बापू को बेटा ही देना क्यूंकि वो बहुत ज्यादा दुखी है , ये सुनते ही रानी कि आँखों मे आंसू आ जाता है , और रानी छोटी को गले लगा लेती है , दोनों को अकेला देख सविता भी वहां आ जाती है और छोटी, रानी और सविता से पूछती है कि दीदी लड़कियां माँ बाप के लिए बोझ होती है क्या, हम भी माँ बापू के लिए बोझ ही है बोलो ना दीदी माँ बापू हमसे प्यार नहीं करते पडोस कि चाची ऐसा क्यों कहती है कि हम माँ बापू के लिए अभिशाप है ये अभिशाप क्या होता है दीदी | ऐसा नही है छोटी माँ बापू हम तीनो से भी बहुत प्यार करते है लेकिन तुम नही चाहती हमारा एक भाई हो हम भी उसे राखी बांधे , उसके साथ खेले ये सुनते ही झूठी ही सही लेकिन छोटी के चेहरे पर मुस्कान आ जाती है , और वहां से छोटी बाहर खेलने चली जाती है |

रानी ने छोटी को तो समझा दिया लेकिन उसे ये तो पता ही था कि इस समाज मे लड़कियां सिर्फ माँ बाप के लिए बोझ होती है जिसे शादी करके ही उतारा जा सकता हैं | रानी सोच ही रही थी जब तक बरान्दे से माँ के चिल्लाने कि आवाज आती है रानी जा दाई को बुला ला मुझे बहुत दर्द है सविता माँ को संभालने लगी और रानी तुरंत जाकर दाई को बुला लाई छोटी ये खबर सुनते ही बापू को बुलाने जाती है कि बापू माँ को बहुत दर्द हो रहा है घर चलो , ये सुनते ही रामू सब काम छोड़ घर भागा भागा घर पहुचता है और पहुँचते ही दाई से कहता है कि सुनो दाई इस बार तो लड़का ही होना चाहियें | मेरी प्राथना खाली नही जानी चाहिये |

दाई – देखते है रामू शायद भगवान तेरी इस बार सुन ले |

थोड़े ही देर बाद बच्चे कि रोने कि आवाज आती है रामू बच्चे कि रोने कि आवाज से खुश नही था जबतक दाई ने उसे ये बताया नही कि रामू तेरी बंद किश्मत खुल गई भगवान ने तेरी सुन ली तुझे लड़का हुआ है बधाई हो रामू , बधाई हो | अब ये रामू और सुशीला कि उम्मीद थी या फिर छोटी कि दुर्गा माँ से मांगी हुई प्राथना |

लड़के कि ख़ुशी मे रामू झूम उठा उसने पूरे गावं मे मिठाई बटवा दी , ढोल बजवाये घूम घूम कर सबको बताया मेरे घर लड़का हुआ है , लोगो से कहने लगा क्या कहते थे मेरा लड़का नही होगा |

रामू के सारे पडोसी शांत खड़े सब सुनते रहे , अरे रामू तू तो भाग्यशाली होगया . तुझे तो तेरे बुढ़ापे का सहारा मिल गया बधाई हो रामू तेरी भगवान् से कि प्राथना रंग लाइ, इतना बोलते ही सारे वहा से चले जाते है और रामू और सुशीला बहुत खुश होते है लेकिनं इनके साथ साथ तीनों लड़कियाँ भी अपने भाई के आने पर उतना ही खुश होती है जितना उनके माँ बापू | रामू ने अपने बेटे का नाम चिराग रखा क्यूंकि लड़के के होने से उनका घर रोशन हो चुका था | दिन रात दोनों अपने बेटे मे ही उलझे रहते थे इन दोनों को अपने बेटे के अलावा और कुछ नही दिखता था | रामू जब भी काम पर जाता अपने बेटे का चेहरा देखकर ही जाता |

सुना है लड़कियां बिन मांगे आती है और लड़के दुआओं मे मांगे जाते है ,

और इनके लिए गुरुद्वारा, मज्जिद , मंदिर भी पूजे जाते हैं |

लड़के कि चाह मे हज़ारो – हज़ारो सीडिया चढ़ी जाती है और लड़की होने के लिए दुआ भी नही मांगी जाती है |

लड़कियां माँ बाप कि इच्छा से नही अपनी किश्मत से धरती पर आती है |

ऐसे ही हसते खिलखिलाते ८ साल बीत गए , चिराग भी आठ साल का होगया था , रानी और सविता दोनों ही शादी के लायक हो चुकी थी | रानी को जो भी देखने आते या मना कर देते या फिर दहेज़ ज्यादा मांगते जिस वजह से रानी को अपने माँ बापू कि बहुत सुननी पड़ती थी | गाँव वाले रानी को उसकी बुरी किश्मत पर कोश्ते थे जिस वजह से रानी चुप चुप कमरे मे रोया करती थी | और रामू और सुशीला एक ऐसे लड़के कि तलाश मे थे जो उनसे कम दहेज़ ले या फिर ना ले | क्यूंकि वो अपना सारा पैसा चिराग पर लगा रहे थे |

सोमवार कि रात रानी के लिए गाँव कि कविता एक रिश्ता लेकर आई परन्तु लड़के कि उम्र 42 थी और वो शादीशुदा था उसकी पहली पत्नी मर चुकी थी | और उसे दहेज़ मे सिर्फ पचास हज़ार ही चाहिये थे , इतना सुनते ही रामू और सुशीला ने शादी के लिए मंजूरी दे दी उन्हें लगा कि ऐसा रिश्ता फिर कभी नही मिलेगा पहले से शादीशुदा है तो क्या हुआ रानी को खुश रखेगा आज के जमाने मे इतना कम दहेज़ कोन लेता है चिराग के

बापू अभी तो सविता कि भी शादी करनी है उसमे भी दहेज़ देना है फिर छोटी कि इतने पैसे कहा से लायेंगे चिराग कि भी पढ़ाई के लिए पैसे चाहिये कहा से करेंगे हम इतना कुछ अगर ये रिश्ता गया तो वापस ऐसा रिश्ता नही आयेगा | इतना सुनने के बाद रामू ने शादी के लिए हां कर दी और माँ बापू के सामने रानी कुछ ना कह सकी | रानी कि शादी एक ऐसे इंसान से कर दी गई जो सबके सामने कुछ और था| शुरु शुरु मे तो सब कुछ अच्छा चल रहा था लेकिन धीरे धीरे रानी के पति सुखी ने उसके साथ बुरा बरताव करना शुरु कर दिया था और ये सब रानी सेहती रही क्यूंकि घर आने पर भी रानी कि बातो पर माँ बापू को विश्वास नही होता था | सविता और छोटी भी अपनी बड़ी बहन कि मदद करना चाहती थी लेकिन वो कैसे करती क्यूंकि उनकी भी बाते घर मे नही सुनी जाती थी | रानी को माँ ने समझाया कि सहन करना सीखो ये सब होता रहता है वो तो कितना नैक आदमी है जिसने तुझसे शादी कर लिया वरना तुझसे शादी कोन करता और तुम यहाँ बार बार क्यों आ जाती हो , तुम्हे देखे या तुम्हारी २ बहनों को अभी हम खुदी ही परेशान है तुम्हारी बहन सविता के लिए भी लड़का ढूँढना है तुम्हारे बापू क्या क्या करेंगे | रानी ये सब सुनकर वहां से अपने ससुराल चली जाती है |

एक दिन सुबह रानी को सुखी कहता है कि तेरा बापू बड़ा खर्च कर रहा है हमारे साले साहब पे वैसे तो तेरा बाप शादी के समय तो कह रहा था कुछ पैसे नही है खाली हाथ भेज दिया दहेज़ के नाम पर सिर्फ पचास हज़ार दिए

इतना कम दहेज़ लेता कोन है ऐसा कर दस हज़ार ले आ अपने बाप से मुझे जरुरत है खाली हाथ मत आइओ घर मे पैसा लेकर ही आइओ वरना अपना चेहरा मुझे मत दिखाना | सुखी उसे घर से बाहर निकाल देता है और दरवाजा बंद कर देता है , रानी वहां से तो निकल जाती है लेकिन अपने घर नही जाती है क्यूंकि उसे पता है कि वहां उसे कोई नही सुनेगा और वो सविता और छोटी को अपनी वजह से परेशान नही करना चाहती थी जिस कारण वो शाम तक सड़क पर बैठी रहती है और रात होते ही ससुराल डर डर कर जाती है क्यूंकि उसके अलावा उसके पास और कोई रास्ता नही था | उसे पता था अगर वो खाली हाथ घर पहुची तो उसके साथ बुरा बरताव किया जायेगा फिर भी वो अपने ससुराल गई | घर पहुचते ही सुखी पैसे मांगने लगता है चुप क्यों है पैसे दे , कुछ तो बोल |

रानी – मे बापू के घर नही गई थी और पैसे भी नही लायी |

सुखी – क्या तू घर नही गई और पैसे नहीं लाई तुझे मेरा डर नही था मैंने बोला था ना पैसे लिए बिना घर मत आईओ चल अंदर चल तुझे बताता हूँ शायद तेरा डर खत्म होगया है आज सारा डर निकालता हूँ | सुखी उसे अंदर लेजाकर बहुत मारता है उसके मुहं से आवाज ना निकले मुहं मे कपडा डाल देता है हाथ बांध देता है रानी मार खाती रही लेकिन अपने आप को बचा नही पाई और उसी वक्त रानी ने दम तोड़ दिया | सुखी ये देखते ही डर गया और माँ को बुलाकर कहता है माँ रानी मर

गई अब क्या करे | सुखी तू क्या कर रहा है तूने अपनी पहली पत्नी भी ऐसे ही मार दी और अब ये |

सुखी – माँ ये बता करना क्या है इसका क्या करे |

माँ – ऐसा कर इसे पंखे से लटका जिससे लोगो को लगे ये खुद मरी है , हमने नही मारा है |

सुखी – ठीक है माँ और दोनों मिलकर रानी को पंखे से लटका देते है और सबको ये कहते है कि रानी ने खुद.खुशी कि है क्यूंकि रानी का किसी और से गलत सम्बन्ध था जिसके कारण उसने शर्मिंदा होकर खुदखुशी कर ली | और सुखी कि इन बातो पर रामू और सुशीला को भी विश्वास होगया कि हमारी बेटी चरित्रहीन थी |

कई लडकियों ने दहेज़ के कारण अपनी जान गवाई ,

दर्द तो तब हुआ जब समझ ही नही पाए उसके अपने बाप भाई |

इन सब बातो पर सविता को भरोसा नही हुआ उसे पता था कि उसकी बड़ी बहन ऐसा कर ही नही सकती उसने अपने माँ बापू को भी बोला लेकिन उन्होनो तो सविता

कि बाते तक ना सुनी वो अपनी बहन को याद करके अंदर ही अंदर रोती रही , इन्साफ तो दिलवाना चाहती थी लेकिन उसे नही पता था कि वो क्या करे इसलिए कुछ वक्त के लिए सविता शांत होगयी क्यूंकि उसे छोटी को भी संभालना था जिस कारण वो मजबूर थी |

समय बितता गया सब रानी को भूलने लगे थे लेकिन दूसरी तरफ सविता और छोटी अपनी बड़ी बहन को भूला नही पा रहे थे | सविता कि उम्र भी बढ़ती जा रही थी जिस कारण उसे घर मे बहुत सुनना पड़ता था क्यूंकि शादी के लिए कोई भी ऐसा रिश्ता नही आ रहा था जो कम दहेज़ मे शादी कर ले जो भी सविता को देखने आता ज्यादा दहेज़ कि मांग करता जिस कारण सविता कि शादी नही हो पा रही थी और दूसरी तरफ चिराग कि जिद्द दिन प्रतिदीन बढ़ती जा रही थी | माँ बापू पैसे जोड़ रहे थे ताकि वो चिराग को आगे कि पढ़ाई के लिए शहर भेज सके| लेकिन उन्होंने जैसे अपनी दोनों बेटियों के साथ किया था वैसे ही छोटी बेटी हिमांशी को भी दसवी के बाद घर पर बिठा दिया गया और घर के कामो मे लगाया पर छोटी को पढ़ना बहुत पसंद था जिस कारण वो छुप छुप कर चिराग कि अंग्रेजी कि किताबो को पढ़ती रहती |

दिन बुधवार दोपहर का समय सुखी कि माँ रामू के घर आई और बोली हम तेरी दूसरी बेटी सविता का रिश्ता लेकर आये है अपने बैठे सुखी के लिए देख रामू मना मत करना एक तरह से हम तुझ पर एहसान कर रहे है

, तेरी बड़ी बेटी ने तो हमारी इज्ज़त डूबा दी फिर भी हम तेरे यहाँ आये है सब भूल कर | वैसे भी तेरे घर मे शादी कोई करेगा भी नही एक तो तेरे पास दहेज़ देने के लिए पैसे नही हैं और दूसरा जो तेरी बड़ी बेटी ने किया जिस वजह से तेरे घर रिश्ता लेकर आएगा कोन, तुझे अभी तेरी सबसे छोटी लड़की कि भी शादी करनी है और हमे दहेज़ भी ज्यादा कुछ नही चाहिये इस बार बस एक लाख दे दियो | सुशीला और रामू ने फिर वही गलती कि जो उन्होंने अपनी पहली बेटी मे कि थी, और दूसरी उसी से अपनी बीच वाली लड़की कि शादी करवा रहे है जो उनकी बेटी के मौत कि वजह हैं | सब कुछ भूल कर दहेज़ ना देना पड़े रामू ने शादी के लिए हां कर दी | सुशीला को ये सब ठीक नही लगता है वो रामू को रोकने कि कोशिश करती है पर रामू सुशीला को समझा कर चुप कर देता हैं |

ये सब छोटी देखती है और शादी ना करने कि सलाह देती है क्यूंकि वो जानती है जैसा उसकी बड़ी बहन के साथ हुआ था वैसा सविता के साथ भी हो सकता है लेकिन सविता बहुत सोच समझ कर ये फैसला लेती है कि में सुखी से शादी करने के लिए तेयार हूँ वो शादी के लिए सिर्फ इसलिए तेयार होती है ताकि वो अपनी बड़ी बहन को इंशाफ दिला सके | वो अपनी बड़ी बहन के खातिर अपनी खुशियों का गला दफना देती है और साथ ही साथ छोटी को भी समझाती है अगर उसने ऐसा नही किया तो उसकी बड़ी बहन को इन्साफ नही मिल पायेगा इसलिए उसे ऐसा करना ही पड़ेगा |

हिमांशी – लेकिन दीदी आप अपनी ज़िन्दगी क्यों बर्बाद कर रहे हो , वो आपको भी मरेगा |

सविता – लेकिन हमारे पास और कोई राश्ता भी नही है और वैसे भी दहेज़ कि वजह से कई लड़कियां अपनी जान गवा चुकी है जिन्हें आज तक इन्साफ ना मिल सका | लेकिन मुझे अपनी बहन को इन्साफ दिलवाना है और हम इस बारे मे और कोई बात नही करेंगे |

सविता कि शादी सुखी से हो जाती है , और वो अपने ससुराल चली जाती है | पर यहाँ छोटी को ये डर बना रहता है कि कही उसकी बहन के साथ गलत बरताव तो नही हो रहा होगा | और यहाँ चिराग कि हरकते बढती जा रही थी उसने घर कि चीजो को चुरा कर बेचना शुरु कर दिया था | रामू ने चिराग को शहर पढने के लिए भेजा था पर चिराग वहां पैसो को अपने दोस्तों पर उड़ा रहा था |

इस बात से रामू और सुशीला दोनों ही अनजान थे जिसके लिए वो सबकुछ कर रहे है वो उनके प्यार का फायदा उठा रहा है | चिराग साल मे एक दो बार घर आता था वो भी पैसे खत्म होने पर पैसे मिलते ही चिराग गाँव से चला जाता लेकिन छोटी चिराग कि इन सब हरकतों के बारे मे जानती थी कि उसका भाई माँ बापू को धोखा दे रहा हैं , ये बात छोटी ने माँ को बताई कि माँ चिराग आपके दिए हुए पैसो का गलत इस्तेमाल कर रहा है वो शहर मे पढाई नही बल्कि आवारागर्दी कर रहा

है ये बाते सुनते ही सुशीला छोटी को चुप करवा देती है , कि भाई है तुम्हारा उसके बारे मे झूठ मत बोलो मुझे तो लगता है तुम अपने छोटे भाई से चिढ़ती हो क्यूंकि वो शहर मे अच्छे से पढ़ाई कर रहा है हमारा नाम रोशन करेगा और ये सब तुम बहनों से देखा नही जा रहा |

चिराग हमेशा माँ को अपनी बातो मे फसा लेता था जिस कारण माँ उसकी गलतियां भी नज़र अंदाज़ कर देती थी | इतना सब होने के बाद छोटी बाहर जाती है तो देखती है कि सविता खड़ी है उसे देखते ही छोटी खुश हो जाती है और सविता को गले से लगा लेती है और वही खड़े खड़े कई सवाल पूछ लेती है| कि आप ठीक तो हो ना इतने दिन बाद क्यों आये | छोटी के इतने सवाल सुनके सविता कहती है छोटी अंदर चलते है अपनी बहन को अंदर तो आने दो यहीं सारे सवाल पूछोगी |

छोटी – हां दीदी अंदर चलो आराम से बात करेंगे |

सविता – छोटी माँ कहाँ है माँ नही दिख रही |

छोटी – माँ अंदर वाले कमरे मे है आती होंगी आप बैठो और पानी पीओ , और ये बताओ उसने आपको परेशान तो नही किया ना आपको मारा तो नही |

सविता – नही छोटी ऐसा कुछ नही है , मे ठीक हूँ तू बता |

छोटी -फिर दीदी आपके हाथो पर ये निशान कैसे |

सविता – ये निशान , ये तो मे रोटी बनाते समय जल गई थी |

छोटी – रोटी बनाते जले थे या जलाये गए थे , दीदी आप झूठ क्यों बोल रहे हो उस सुखी ने आपके साथ ये किया ना , दीदी आप क्यों सह रहे हो इतना छोड़ दो आप रानी दीदी को इन्साफ दिलाना चाहती हो पर कही हम आपको भी ना खो दे , दीदी घर वापस आ जाओ दीदी मे आपको नही खोना चाहती एक बहन खो चुकी हूँ अब दूसरी नही | अगर आप यहाँ आओगे तो भी आपकी कोई नही सुनेगा आप ऐसा करो कही दूर चले जाओ क्यूंकि यहाँ सब दहेज़ लेने वाले हैवान है , जिन्हें कुछ फर्क नही पड़ेगा कि आप मरो या जियो |

सविता – नही छोटी मे कही नही जा रही अगर तुम्हे पता चल ही गया है तो सुनो, मैंने ये शादी रानी दीदी को इन्साफ दिलवाने के लिए कि है और बिच रास्ते मे हार मानकर नही रुक सकती | तुम्हे पता है छोटी दहेज़ के चक्कर मे कितनी लड़कियों ने अपनी जान गवाई है और गवा रही है उनमे से एक हमारी बहन भी है | छोटी हम अपनी बहन को इन्साफ दिलवाएंगे क्यूंकि हमारी बहन

चरित्रहिन् नही थी उन्हें दहेज़ के लालचिओ ने दहेज के खातिर मार डाला | और हम सब माँ बापू को ये भी बतायेंगे कि लड़कियां बोझ नही होती , वो भी बुढ़ापे मे माँ बाप का सहारा बन सकती है |

छोटी – ठीक है दीदी मे आपके साथ हूँ |

पूजा तो लक्ष्मी , दुर्गा को जाता है ,

लड़के होने पर ढोल और लड़की होने पर अफ़सोस मनाया जाता हैं

काफी रात होने के कारण सविता बिना किसी से मिले अपने ससुराल चली जाती है , ससुराल पहुँचते ही सुखी उससे कई सवाल पूछने लगता है, देर कैसे होगयी घर वालो को बता रही थी क्या यहाँ तुझ पर बहुत अत्याचार होता है , वैसे तू बता भी देगी तो तेरी सुनेगा कोन उस वक्त सुखी बहुत नशे मे होता है जिस वजह से वो सारी बाते बता देता है कि कैसे उसने उसकी बड़ी बहन को मारा था अगर वो भी उसकी नही सुनेगी तो उसके साथ भी वैसा ही करेगा जैसा उसकी बड़ी बहन रानी के साथ किया था |

इन सब बातो को सुन कर सविता को पूरा भरोसा हो जाता है कि उसकी बहन को सुखी ने ही दहेज़ के लालच मे मारा है | अब सविता ने निर्णय ले लिया कि सुखी कि सच्चाई जल्द ही सबके सामने लानी पड़ेगी क्यूंकि सुखी ने सविता को भी अपने घर से पैसे लाने के लिए मजबूर करना शुरु कर दिया था |

और यहाँ चिराग ने सबको परेशान कर रखा था रामू भी अब चिराग को पैसे देते देते थक गया था अब रामू ने चिराग को पैसे देने कुछ कम कर दिये , जिस वजह से चिराग ने रामू को डराने के लिए घर छोड़ने कि धमकी दी , चिराग कि ये बात सुनते ही सुशीला रोने लगी और रामू को समझाने लगी देखो जी हमारा बेटा चला जायेगा घर छोड़ कर आप चुप क्यों हो जरा सा भी अफ़सोस नही है क्या बेटा घर छोड़ कर जा रहा है| ये लो मेरी कुछ सोने के जेवर है इसे बेच कर पैसे ले आओ और चिराग को दे दो , मेरा बेटा यहाँ से कही नही जायेगा | छोटी तू ही अपने बापू को समझा कुछ चिराग घर छोड़ कर चले जायेगा तो हमे कोन पूछेगा |

छोटी – बापू अब तो समझो कि चिराग आप सबके प्यार का फायदा उठा रहा है वो आपकी और माँ कि बिल्कुल परवाह नही करता और दूसरी तरफ जिसे आप पूछते ही नही कि वो अपने ससुराल मे खुश है भी या नही वो हमेशा आप दोनों के बारे मे पूछती रहती है |

सुशीला – छोटी तुम्हे बापू को समझाने के लिए बोला है , ये क्या लेकर बैठ गई तुम भी नही चाहती हो कि चिराग इस घर मे रहे | और चिराग चला गया तो हमे कोन पूछेगा हमारा कोन होगा बुढ़ापे का सहारा |

ये सुनते छोटी बोल पड़ी बुढ़ापे का सहारा सिर्फ लड़के ही नही अपितु लडकिया भी हो सकती है अगर उन्हें उस लायक समझा जाए तो , लड़कियों को तो पैदा होते ही बोझ समझ लिया जाता है अफ़सोस जताया जाता है कि अब दहेज़ देना पड़ेगा , माँ बापू आज आपने सिर्फ चिराग को नही अगर हमे भी आगे पढाया होता तो हम भी कुछ कर सकते थे पर आपने तो हमे घर ही बिठा दिया | माँ बापू एक बात और हमे दहेज़ प्रथा को खत्म करना चाहिये , लड़कियों को नही | और बापू रानी दीदी कि भी मौत कि वजह वो नही थी जो आपको बताई गई थी , वजह तो दहेज़ थी बापू दहेज़ |

आज छोटी ने वो सारी बाते अपने माँ बापू से कह दी जिन बातो को उसने काफी सालो से अपने अंदर दबा कर रखा था | इतना सब बोल कर छोटी वहां से रोते हुए चली जाती है |

हजारो लाखो लड़कियां मौत कि भेंठ चढ़ जाती हैं |

वजह कोई भी हो अंत मे तो दहेज़ ही निकल कर आती है |

छोटी कि बाते सुनते ही सब चुप हो जाते है यहाँ तक कि माँ के आँखों मे आसू और बापू को अपनी गलती का पछतावा होता है , पर चिराग को इन सभी बातो से कोई फर्क नही पड़ता वो माँ से पैसे मांगता है कि मुझे कही से भी पैसे लाकर दो , जब सुशीला उसे समझाने के लिए जाती है तो वो माँ को धक्का दे देता है ये देखते ही रामू खड़ा होता है और चिराग को एक थप्पड़ मार देता है और कहता है निकल जा मेरे घर से जो गलती मैंने कि है अब और नही करना चाहता बेटे के प्यार मे अँधा हो गया था पर अब नही मुझे समझ आ गया है कि मे कितना गलत था अब मे ये गलती और नही दोहराना चाहता | सुशीला अब तू कुछ नही बोलेगी देख अपने प्यार का नतीजा छोटी सही बोल रही थी , हम गलत थे सुशीला हमने अपनी बेटियों को पैदा होते ही बोझ समझा यहाँ तक कभी उनकी खुशियों के बारे मे सोचा नही फिर भी हमारी बेटियां हमारे लिए सब कुछ सहती रहीं |

हमारी बड़ी बेटी ने तो जान तक गवा दी और हम उसे गलत समझते रहे और दूसरी बेटी ने हमारी खुशी के लिए एक ऐसे इंसान से शादी कर ली जिसने उसकी बहन के साथ अत्याचार किया था सुशीला हमने ये क्या कर दिया जिनके लिए हमने कभी कुछ नही किया उन्होंने हमारे लिए अपनी खुशिया और जान तक गवा

दि |

रामू – चिराग निकल जा घर से |

सुशीला – पर सुनो तो

रामू - अब कुछ नही सुशीला काफी समय तक मेरे आँखों पर पट्टी बंधी थी जो अब खुल चुकी है , अब मे अपनी बेटियों के साथ गलत होता नही देख सकता और एक बेटी खो चुका हूँ , दूसरी नही खोना चाहता |

रामू छोटी से कहता है कि चलो छोटी तुम्हारी बड़ी बहन को उस हैवान के घर से ले आते है अगर ज्यादा वक्त होगया तो वो मेरी बेटी के साथ कुछ गलत ना कर दे |

छोटी – बापू सच मे आप दीदी को घर लाना चाहते हो |

रामू – हां मैंने जो किया है उसे भुला नही जा सकता पर मे अपनी गलती सुधारना चाहता हूँ , शायद इससे मेरे कुछ पाप धुल जाए | लड़के कि चाह मे , में इतना अँधा होगया कि मुझे समझ ही नही आया कि मे क्या कर रहा हूँ , मैंने तो कभी तुम सब पर ध्यान ही नही दिया , और यहाँ तक कि तुम्हारी पढाई भी बिच मे रुकवा दी ये सोच कर कि लड़कियां है क्या करेंगी आगे पढ़ कर

जाना तो ससुराल ही है , मे कितना गलत था मुझे ये नही पता था कि अगर लड़कियों को भी बोझ ना समझ कर मौका दिया जाए तो वो बड़ी से बड़ी मुसीबतों का सामना अकेले कर सकती है | छोटी तुम अपने बापू का भरोसा कर सकती हो तुम्हारे बापू बदल चुके है |

छोटी – परन्तु बापू माँ, माँ नही चलेंगी दीदी को लेने हमारे साथ |

रामू – नही छोटी |

छोटी – अगर बापू माँ भी चलती तो दीदी को अच्छा लगता |

रामू – छोटी जैसे मुझे समझ अ गया है वैसे उसे भी जल्द समझ अ जायेगा , अभी उसके आँखों पर भी ममता कि पट्टी बंधी है और जैसे ही एहसास होगा देखना वो भी हमारे साथ होगी |

फिर दोनों वहां से निकल से सुखी के घर निकल जाते है सविता को लेने , परन्तु जब वो सुखी के घर पहुचते है तो वहां कोई नही होता घर पर ताला लगा होता है |

रामू ने आस पड़ोस के लोगो से भी पता किया तो उन्होंने कहा कि सुखी और उसका परिवार घर खाली करके दो दिन पहले ही चले गए है और उन्हें ये नही पता था कि वो अब कहाँ रह रहे है जिस कारण रामू और छोटी परेशान हो जाते है | रामू और छोटी काफी समय तक सुखी के बारे मे जानकारी निकालते रहे लेकिन फिर भी सविता के बारे मे उन्हें कुछ पता नही चला जिस वजह से रामू और छोटी थक तक घर वापस आ गये |

घर वापस आते ही सुशीला रामू से कहने लगती है ले आये सविता को ,कहाँ है सविता तोड़ दिया अपनी बेटी का घर |

रामू – नही मिली सविता सुखी घर खाली करके कही चला गया है , पता नही मेरी बेटी किस हाल मे होगी कही उसने मेरी बेटी के साथ कुछ कर तो नही दिया होगा ना |

रात के समय जब सुशीला खाना लेकर आई तो रामू ने खाना खाने से मना कर दिया कही ना कही सुशीला को भी एहसास होने लगा था परन्तु चिराग के मोह मे वो कुछ सोचना और समझना नही चाहती थी , जब रामू ने खाना खाने से मना कर दिया तो छोटी ने अपने बापू से जिद्द कि अगर आप खाना नही खाओगे तो बापू आप बीमार पड़ जाओगे फिर हम दीदी को कैसे बचायेंगे , उस वक्त रामू खाना खा तो लेता है पर उसे पूरी रात नींद नही आती है |

और वहां सुखी सविता को लेकर गाँव से थोड़ी दूर जाकर कमरे मे बंद करके रखता है , क्यूंकि सविता के सामने सुखी कि वो सारी सच्चाई आ जाती है और उसके पास अपनी बड़ी बहन के बेगुनाही का सबूत होता है जिस वजह से सुखी उसे गाँव से दूर ले आता है और उसे जानवरों कि तरह मारता पिटता था और दो दिन से सविता को खाने के लिए भी कुछ नही दिया था जिस कारण सविता कि हालत मरने जैसी हो गई थी | फिर भी सविता ने हार नही मानी और वो सुखी के सामने चिल्लाती रही कि जब तक मे अपनी बहन को इन्साफ ना दिला दूँ मुझे कोई नही मार सकता तुम जैसो ने सिर्फ लड़कियों को कमजोर ही समझा है आज तुम जैसो को पता चल जायेगा कि लड़कियां कमजोर नही होती | ये सुनते ही सुखी को गुस्सा आ जाता है और वो गरम गरम चिमटा उसके हाथ पर रख देता है जिस कारण सविता चिल्लाते चिल्लाते बेहोश हो जाती है और सुखी बाहर निकल आता है |

सुखी कि माँ – सुखी इसे कबतक ऐसे बांध कर रखेगे किसी को पता चल गया तो हमारे लिए मुसीबत खड़ी हो सकती है इसका जल्द ही कुछ करना होगा | और गाँव वालो से पता चला है कि इसका बापू और बहन आये थे इसके बारे मे पूछने तो कुछ कर सुखी |

सुखी – हाँ माँ कुछ करना तो पड़ेगा ही इसका ये तो उन दोनों से ज्यादा चालाक है |

सुखी कि माँ – फिर इसका करेंगे क्या |

सुखी – मार देंगे जैसे उन दोनों को मारा था उनके बारे मे भी तो किसी को नही पता चला था कि वो खुद नही मरी थी हमने मारा था | अगर ये अपने बापू से पैसे मांग कर ले आती तो हम इसे मारते ही क्यों पर ये तो अपने घर जाती भी नही थी और इसे मेरे बारे मे भी पता चल गया कि मैंने ही इसकी बहन को पैसो के लालच मे मारा था तो अब इसके साथ भी तो मुझे वो ही करना होगा जैसा इसकी बहन के साथ किय था |

सुखी कि माँ – जो भी करना सोच समझ कर करना मुझे तो बहुत डर लग रहा है , सुखी |

सुखी – घबराओ मत माँ कल ही मे इसका कुछ करता हूँ |

यहाँ सुखी ने सविता को मारने का सारा बंदोबस्त कर लिया था और वहां रामू वो सारी कोशश कर चुका था रामू ने ऍफ़ आई आर भी दर्ज करवा दिया था जिस कारण पुलिस खोज निकालती है कि सुखी सविता को लेकर कहाँ गया होगा |

जब पुलिस सविता को ढूढने जाती है तो रामू और छोटी भी उनके साथ जाते है | और दूसरी तरफ सुखी सविता को बेहोश करके एक बक्से मे बंद कर देता है, और दोनों कुछ वक्त मे निकलने ही वाले होते है |

सुशीला घर मे अकेली होती है क्यूंकि चिराग घर छोड़ कर जा चुका था परन्तु वो ज्यादा दिन घर से दूर नही रह सका क्यूंकि घर से निकलते ही उसके दोस्तों ने भी उसका साथ छोड़ दिया था और उसकी कोई भी मदद नही कर रहे थे जिस कारण चिराग को अपनी गलती का एहसास होगया कि उसके बापू सही थे और वो गलत | चिराग तुरंत घर आकर बापू बापू चिल्लाने लगा, फिर सुशीला ने बताया कि तुम्हारे बापू और छोटी दोनों ही सविता कि तलाश मे गये है ये सुनते ही चिराग भी निकलता है तो सुशीला उससे पूछती है क्या हुआ चिराग घबराए हुए क्यों हो, मुझे बताओ क्या हुआ | कुछ नही माँ समझ आ गया कि मे कितना गलत था और बापू कितने सही मे बदल चुका हूँ माँ और मैंने आपके साथ

भी कितना गलत किया मुझे माफ़ कर देना | अब मे भी जा रहा हूँ अपनी बड़ी बहन को घर लाने और माँ मुझे रोकना मत |

सुशीला – हां बेटा मे तुम्हे अकेले नही जाने दूंगी बल्कि तुम्हारे साथ मे भी चलूंगी अपनी बड़ी बेटी को घर लाने मैंने भी बहुत गलत किया है एक औरत होकर मुझे ये बात बहुत देर मे समझ आई मैंने भी अपनी बेटियों के साथ बहुत बुरा बरताव किया है हेमशा उन्हें बोझ समझा लेकिन अब नही चलो चिराग हम सब मिलकर अपनी सविता को घर लायेंगे |

चिराग और सुशीला भी घर से निकल जाते है और रास्ते मे रामू और छोटी को रोक कर माफ़ी मांगते है कि मेरे पास अभी कुछ कहने के लिए शब्द नही है पर हाँ हमे भी अपनी गलती का एहसास होगया है और हम भी आप दोनों के साथ चलना चाहते हैं | पर रामू को चिराग और सुशीला पर भरोसा नही होता है पर छोटी के कहने कर दोनों को साथ चलने के लिए हाँ कर देता हैं |

सुखी और उसकी माँ जैसे ही घर से बाहर निकलते है वैसे ही पुलिस सुखी को पकड़ लेती है बहुत पूछने के बाद सुखी सविता के बारे मे बताता है कि मैंने सविता को इस बक्से मे बंद कर रखा हैं | ये सुनते ही तुरंत छोटी उस बक्से को खोलती है तो सविता उसमे बेहोश पड़ी थी पर उसकी हालत मरने जैसी होगयी जिसके कारण उसे तुरंत हस्पताल लेकर जाना पड़ा | और सुखी और उसकी

माँ को दहेज़ के लालच और रानी को मारने के जुर्म मे जेल होगयी |

सविता को दो दिन बाद होश आगया और उसने सबसे पहले अपनी बड़ी बहन को इन्साफ दिलाया कि वो खुद नही मरी थी परन्तु उन्हें मारा गया था , और साथ साथ मे ये भी बताया कि लड़कियां बोझ नही होती दहेज़ के चक्कर मे अपनी बेटियों से मुहं मत मोड़ो |

सविता को देखते ही सुशीला रामू और चिराग ने भी अपनी गलती के लिए उससे माफ़ी मांगी और सबको उनके जैसा व्यवहार अपनी बेटियों के साथ ना करने कि सलाह दी |

ये सब देख कर सविता के आँखों मे आंसू आ जाते है कि चलो उसके इस बलिदान से उसके माँ बापू को तो लड़कियों कि हैमियत समझ आ गई | और सविता बिना कुछ सोचे समझे ,सब भुलाकर अपने परिवार को माफ़ कर देती है | और अंत मे ये भी कहती है सबको आपकी कितनी भी लड़कियां हो उन्हें दहेज़ या कम दहेज़ के चक्कर मे दहेज़ के लालची लोगो के हाथो मे मत दो क्यूंकि हम लड़कियां है कोई बोझ नही |

वजूद

इस समाज का वजूद हैं लड़कियां ,

और इस वजूद को मिटाने कि हर कोशिश कि जाती हैं ,

माँ –बाप कि इज़्ज़त के लिए हर गम हसते – हसते सह जाती है,

ये लड़कियां ही हैं बिन मांगे सिर्फ खुशियाँ ही दे जाती हैं,

किसी ने उन्हें बेचा तो किसी ने उन्हें ख़रीदा ,

दहेज़ के नाम पर पीसी ही क्यों लड़कियां जाती हैं ,

ये लड़कियां है इतना सहने के बाद भी अपनों के लिए खुशियों कि
कमाना कर जाती है |